帷幄奇谋——刘基

◎ 主编 金开诚

◎ 编著 管宝超

吉林文史出版社

吉林出版集团有限责任公司

图书在版编目（CIP）数据

帷幄奇谋——刘基 / 管宝超编著 . —长春：吉林
出版集团有限责任公司：吉林文史出版社，2010.11（2022.1 重印）
ISBN 978-7-5463-4137-8

Ⅰ . ①帷… Ⅱ . ①管… Ⅲ . ①刘基（1311 ～ 1375）–
传记 – 通俗读物 Ⅳ . ① K827=48

中国版本图书馆 CIP 数据核字（2010）第 222282 号

帷幄奇谋——刘基

WEIWO QIMOU LIUJI

主编/ 金开诚　编著/管宝超
项目负责/崔博华 责任编辑/崔博华 高原媛
责任校对/高原媛 装帧设计/柳甫泽 张宣婷
出版发行/吉林文史出版社　吉林出版集团有限责任公司
地址/长春市人民大街4646号　邮编/130021
电话/0431–86037503　传真/0431–86037589
印刷/三河市金兆印刷装订有限公司
版次/2010 年 11 月第 1 版　2022 年 1 月第 6 次印刷
开本/650mm×960mm　1/16
印张/9 字数/30千
书号/ ISBN 978-7-5463-4137-8
定价/34.80元

前　言

文化是一种社会现象，是人类物质文明和精神文明有机融合的产物；同时又是一种历史现象，是社会的历史沉积。当今世界，随着经济全球化进程的加快，人们也越来越重视本民族的文化。我们只有加强对本民族文化的继承和创新，才能更好地弘扬民族精神，增强民族凝聚力。历史经验告诉我们，任何一个民族要想屹立于世界民族之林，必须具有自尊、自信、自强的民族意识。文化是维系一个民族生存和发展的强大动力。一个民族的存在依赖文化，文化的解体就是一个民族的消亡。

随着我国综合国力的日益强大，广大民众对重塑民族自尊心和自豪感的愿望日益迫切。作为民族大家庭中的一员，将源远流长、博大精深的中国文化继承并传播给广大群众，特别是青年一代，是我们出版人义不容辞的责任。

本套丛书是由吉林文史出版社和吉林出版集团有限责任公司组织国内知名专家学者编写的一套旨在传播中华五千年优秀传统文化，提高全民文化修养的大型知识读本。该书在深入挖掘和整理中华优秀传统文化成果的同时，结合社会发展，注入了时代精神。书中优美生动的文字、简明通俗的语言、图文并茂的形式，把中国文化中的物态文化、制度文化、行为文化、精神文化等知识要点全面展示给读者。点点滴滴的文化知识仿佛颗颗繁星，组成了灿烂辉煌的中国文化的天穹。

希望本书能为弘扬中华五千年优秀传统文化、增强各民族团结、构建社会主义和谐社会尽一份绵薄之力，也坚信我们的中华民族一定能够早日实现伟大复兴！

目录

一、初话刘基

历史上的刘基并不像传说中的那样，在他生前和身后的数百年间，并没有如此高的名声。在明代，刘基也仅仅位列开国功臣的最末位置。但是历史的机遇再次降临到他身上的时候，已经是他过世174年以后的事情了。而这次转机给刘基带来了巨大的声誉与神话一样的传说。

这次转机发生在大明皇朝的第十一

位皇帝世宗朱厚熜在位之时。嘉靖十年（1531年），刘基的同乡、刑部郎中李瑜向嘉靖皇帝上疏说："刘基应该与太祖皇帝一起供奉在高庙，像开国第一武臣中山王徐达那样，子孙被册封世袭的爵位。"祭祀、袭爵在封建时代都是朝廷的大事，嘉靖皇帝就命群臣讨论此事，结果满朝大臣一致赞同，并说，太祖皇帝招揽贤豪，当时辅佐的功臣都有巨大的功勋。而许多奇计密谋都是刘基的贡献，所以当初太祖皇帝在没有平定天下的时候就说刘基是自己的张良，后来讨论封爵问题的时候，又将刘基比作诸葛亮。因此，大家一致认同刘基应该享受这个待遇。就在这一年，刘基的九世孙处州卫指挥刘瑜世袭刘基的诚意伯。须知，在明代只有勋臣武将才有与皇帝同时在太庙享受祭祀的荣誉。而中山王徐达为大明朝第一武将，其女是明成祖的仁孝皇后，此等地位只有开国第一功臣、韩国公李善长能与之比肩。嘉靖朝的满朝大臣竟将不以赫赫武功见长的刘基与中山王并列，这究竟是为什么呢？

让我们把目光转向六百多年前的明

朝初年。在朱元璋的开国功臣中,有一个具有显赫地位的集团,这就是所谓的淮西集团,而朱元璋本人就是淮西濠州人,他的大部分元勋功臣诸如李善长、徐达、常遇春等等都是淮西人,朱元璋就是在这个集团的支持下登上帝位的,这就决定了淮西集团在明朝初年显赫的地位。而刘基作为后来归顺的浙东儒士,在新皇朝中究竟能拥有多大地位,是很值得怀疑的。尽管刘基的谋略与功勋为朱元璋所器重和承认，但是在淮西人唱主角的明朝初年，刘基因为地望的关系而不能享有更高的地位。从刘基先后被李善长和胡惟庸迫害的事实来看，刘基的地位决定了他在明朝初年的历史上不会有深远的影响。明朝开国第一功臣的位置是属于淮西集团的领袖李善长的，朱元璋将李善长比作自己的萧何，封韩国公。刘基仅封诚意伯，位列众多公侯之下，远

远不及李善长，就连他的好友——同受伯爵的封号汪广洋也不如。这种现象一直持续了百余年，直到15世纪末，明朝弘治年间，刘基的声誉才稍有提高。16世纪初，明武宗皇帝再次表彰了刘基的开国之功。当然，对于煊赫的大明皇朝来说，尊崇一位已经过世百年的开国元勋实在是一件平常之事。但是，嘉靖皇帝出于政治斗争的需要，在大臣支持的名义下，将刘基与徐达并列，骤然拔高了刘基的地位。这对于刘基来说，也许意味着一个神话的开始。传说中的刘基更是一个妙算阴阳的神一样的人物。其实在功成名就的背后，真实的刘基是一个绝顶聪明却略带悲剧色彩的人物。明末学者、大学士朱国桢对刘基有一句很精彩的概括："刘基当初是元朝的进士，那时他忠于元朝；后来他成为元朝的逐臣，他就隐居待时，终于辅佐朱元璋成就了事业，建立了大明皇朝。"刘基的生平，大约以50岁为分界线，50岁以前忠于元朝，50岁以后辅佐朱元璋，成为明帝国的开国元勋。

二、元朝进士

刘基的家乡青田县，在元代属于江浙行省的处州路，即今天的浙江丽水，境内多山。而刘基所居住的南田山就在青田县城南150里处。南田山自古就被称为"福地"，既然是福地，自然少不了诞生一些英雄豪杰。而此地的确风景秀丽、民风淳朴。刘基曾有诗形容家乡南田山之美景与风俗之淳厚。

我昔住在南山头，连山下带清溪幽。

山巅出泉宜种稻，绕屋尽是良田畴。

家家种田耻商贩，有足懒登县与州。

西风八月淋潦尽，稻穗栉比无蝗虫。

黄鸡长大白鸭重，瓦瓮琥珀香新刍。

芋块如拳栗壳赤，献罢地主还相酬。

东邻西舍迭宾主，老幼合坐意绸缪。

山花野叶插巾帽，竹箸漆碗歉瓷瓯。

酒酣大笑杂语话，跪拜交错礼数稠。

或起顿足舞侏儒，或坐拍手歌瓯窭。

倾盆倒榼混醯酱，烂漫沾渍方未休。

儿童跳跃助喧噪，执楯逐走同俘囚。

出门不记舍前路，颠倒扶掖迷去留。

朝阳照屋且熟睡，官府亦简少所求。

丰收之后，乡人们欢乐的宴饮图，或许成了刘基心目中永远无法抹去的太平景象，如此清新生动的乡村生活，是多么宁谧而又值得回忆。

刘基出生在一个读书人的家庭。父亲刘爚，字如晦，曾经做过遂昌县学教谕这样的小官。自隋唐开始，中国历代封建王朝开科举之制，读书做官就成了士人的理想。同历代的读书人一样，刘基自小便知道科举是他通往成功的唯一路径。因此他认真学习儒家经典，尤其精通《春

秋》。14岁时，刘基成为处州路学的一名学生，这就相当于现代的市级重点中学的学生，刘基迈出了漫长科举道路的第一步。他的聪明才智很快就在学习生活中得到展现。据说，人们很少见到他拿着书本背诵，而是自己默默地看，很快就记住了书的内容。刘基在学校的时候，作的文章就很有才气。他还有过目不忘的本领，他曾经在元大都（即今北京）的一家书店中翻阅一本关于天文方面的书，看过之后竟然能一字不漏地全部背诵下来，书店主人听到这件奇事之后，便要将书相赠，谁料到刘基却说，书已在我胸中，我还要这本书干吗。这足以说明刘基是一个绝顶聪明之人。

随着知识的增加，刘基参加了元代的科举考试。至顺三年（1332年），刘基参加江浙行省的乡试，考中了举人，紧接着他于次年参加了第二级和第三级的科举考试——会试和廷试，名列进士榜三甲

第二十名，赐同进士出身，这一年刘基只
有22岁。须知，元朝是蒙古族建立的，蒙
古贵族为了保持对广大中原地区百姓的
统治优势，将全国的百姓分为四等，一等
是蒙古人，二等是色目人，三等是汉人，
四等是南人。元朝的科举考试，蒙古人和
色目人考试题目简单且录取比率极高，以
此来保持对中原的统治。而汉人与南人，
特别是南人则有诸多限制，很难被录取。

而刘基正是第四等南人，他能在这样的情况下考中进士，实属不易，更说明刘基确实有真才实学。所以刘基高中进士后，一时在乡间传为美谈。然而，与科举的坦途相比，刘基的仕途则要显得坎坷得多。这一方面是由于刘基对官场的适应能力与他的才学不成正比。另一方面，由于元朝的统治策略是防范汉人的，而刘基出身于南人，是南宋遗裔，更要严加防范，他自然不会受到重用。

元统元年的进士刘基，直到至元二年（1336年）才被授予高安县丞的官职。县丞是协助县令处理本县政务的微末小官，秩正八品。此后二十多年，刘基先后出任过江浙行省儒学副提举、行省考试官、行省枢密院经历、行省郎中、处州路总管府判等职。在这些官职中，最高的是处州路总管府判，不过是正六品，其余的不过七品。刘基在元朝二十余年的宦海沉浮，不过是一直沉沦下僚罢了。对于自负不世之才的刘基来说，自然是积愤于胸而不能平，可以说是有点愤世嫉俗的味道了。更加不幸的是，刘基的性格又是疾恶如仇，与当时腐败黑暗的官场显得格格不入，因此刘基屡受打击。终元之世，刘基一直沉沦在官僚体制的底层，这离他治国平天下、一展胸中所学的理想实在是差得太远太远。

元至正十四年（1354年）与至正十六年（1356年）发生了两件事，使刘基深受

打击。至正十三年，43岁的江浙行省都事刘基因建议捕杀方国珍，与朝廷招抚政策相左，次年春因此而被羁管于绍兴。当时刘基本人痛哭流涕，气得吐血，一度想到了自杀。他的门人劝慰他说，如今朝廷混淆是非，忠奸不明，难道说您能为了这样昏庸的朝廷而自杀吗？更何况您有老母亲在世，您如果自杀，她老人家怎么办啊？门人的一番话，让刘基打消了自杀的念头。被羁管于绍兴，倒是让刘基真正享受了一生中难得的一段轻松的时光。在

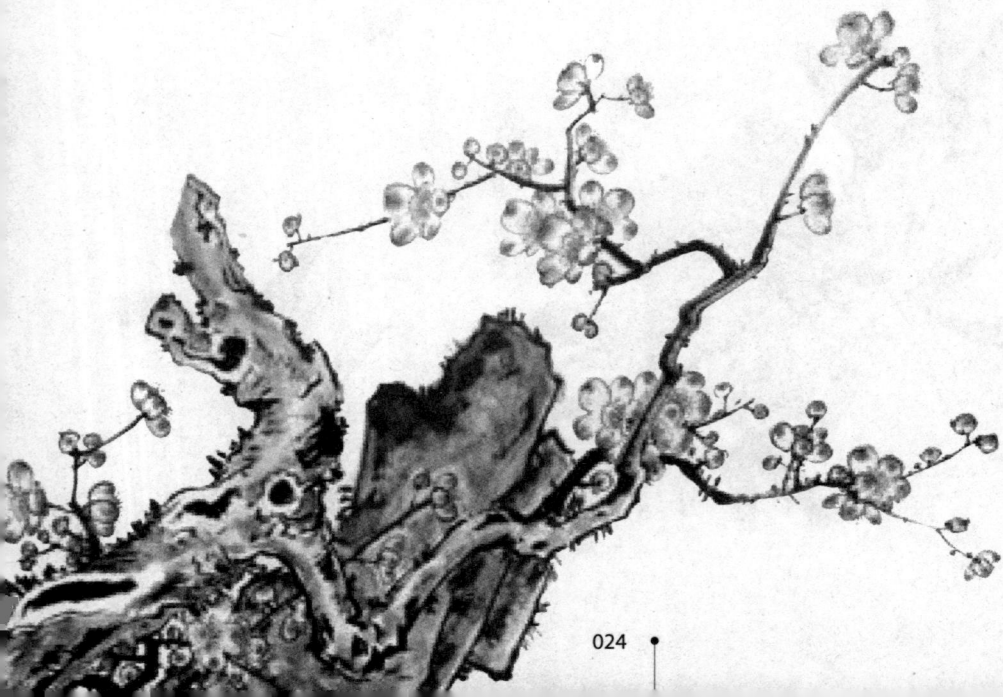

此期间,刘基纵情于山水,写下了不少关于绍兴美景的游记。或许,我们此时会猜想,刘基已经超然于物外了,要彻底脱离官场。然而,自小就受过儒家传统教育的刘基怎么会忘记治国平天下的理想而做一个山野闲人呢?至正十六年春,江浙行省的一纸调令,再一次激起了刘基心中的涟漪。虽然绍兴山水美景难舍,但是治

国平天下的强烈愿望还是使刘基接受了这一调令，离开了绍兴，出任江浙行省枢密院经历，与枢密院判官石末宜孙等同守处州，不久刘基升任行省郎中。与石末宜孙同守处州这一段时间，是刘基心情最激昂的一个时期。他与石末宜孙彼此赋诗酬唱，甚是相得。然而，刘基虽然守土功高，朝廷却仅将他升为处州路总管府判。这一职位的变动，使刘基对朝廷失望

到了极点。据说，刘基在接到朝廷的谕旨后，就在庭院中设摆香案，对着皇帝的圣旨放声痛哭，言道："我没有辜负世祖皇帝，也没有辜负朝廷，但是现在朝廷这样对待我，我还怎么能尽忠报国呢。"既然朝廷让充满抱负的刘基无法施展才能，于是他决计弃官归田，隐居在南田山下。刘基之言表明，他不是不想为元朝出力尽忠，而是朝廷给他的职位太小，不重视他，让他无法施展抱负、做一番大事业。

此时的大元帝国，已经没有了当年横扫亚欧大陆的威风，经过在中原近百年的统治，元朝已经极度腐朽，内忧外患不断，皇位更迭频繁，政局动荡，人民生活痛苦不堪。早在刘基还未辞官之时，以韩山童、刘福通为首的红巾军农民起义

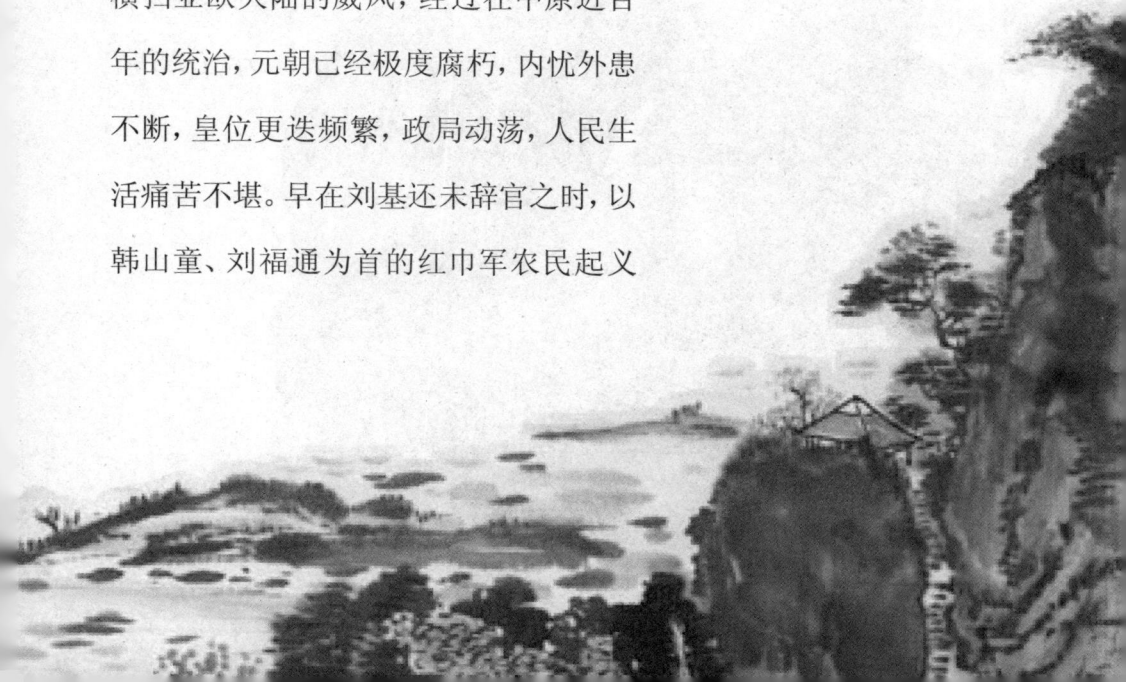

的火焰就已燃遍黄河南北，大江两岸。朝廷屡屡镇压，反倒成愈演愈烈之势。大元朝已是日之将夕、黄泉路近了。

在当时各路割据势力中，尤以朱元璋的势头最猛。至正十八年（1358年）十二月，朱元璋的军队攻克了婺州路，不到一年，即第二年的十一月，处州路也落入朱元璋的手中，刘基的好友石末宜孙战死。

最后一块让刘基容身的净土也失去了。后来有人说，这一年，刘基因为不为元朝所

用，隐居青田，如果不是这样，势必与胡
琛、章溢等一起抵抗朱元璋。以刘基的
谋略，朱元璋的军队能否顺利攻陷婺州
和处州还是个未知数。明万历年间的学
者王世贞就说："元朝不用刘基，于是将
刘基送给了太祖皇帝（朱元璋）。不使刘
基与太祖皇帝争斗，反而让他成了太祖
皇帝的第一谋臣，真是奇特啊。"换句话
说，若非元朝弃刘基而不用，刘基也就成
不了大明皇朝的开国功臣。

三、刘基出山

刘基出山辅佐朱元璋，一半是请出去的，一半是逼出去的。刘基出山后，为未来的朱明王朝立下了汗马功劳。

至正十九年（1359年），刘基辞官回到故里，隐居著述，等待时机。刘基绝不是放弃了他匡世济民之志，他虽然隐居，但仍然密切关注着天下大势。大元朝廷的腐败与混乱，使刘基清醒地认识到，曾经不可一世的大元帝国已是苟延残喘、

大厦将倾，任何人也无法挽救，他对腐败的朝廷已经彻底失去信心。而当时各路农民起义军虽然是风起云涌、群雄逐鹿，一时间难分高下，但是刘基深知尽管北方红巾军声势浩大、席卷中原，大河南北几乎都有他们的足迹；且红巾军以恢复宋朝为名，又建立了自己的政权——龙凤政权，似乎有一举推翻元朝的希望。然而红巾军没有正确的政治目标，军纪涣散，各自为政，相互攻杀，最终的失败在所难免。江南群雄中，方国珍虽然起兵最早，但是此人胸无大志且反复无常，首鼠两端，只不过是流寇而已，不足以成大事。四川明玉珍只是希望割据巴蜀，无意与群雄争夺天下。割据东南富庶之地的张士诚，虽然殷富冠于群雄，自己也礼贤下士、优待士人，但是他也没有什么大志向，且与方国珍一样，投降朝廷，声名狼藉，处境已一日不如一日。经过一番对比分析后，刘基认为在各路起义军中，能成大事者只有割据湖广的陈友谅和占据应天（今南京）的朱元璋。刘基之所以放弃实力强大的陈友谅而选择实力较为弱小的朱元璋，完全是建立在对二人正确分析的基础之上。

陈友谅虽占有湖广荆襄之地，地广兵强，雄心勃勃。但是他好猜忌，喜欢用权谋之术驾驭部下，威严有余而恩惠不足，部将们都心怀疑惧和不满，所以陈友谅的军队是外强中干的纸老虎。反观朱元璋，对部下宽猛相济，恩威并施，诚心相待，且是真正的农民军出身，又是龙凤政权的臣子，在名声上显然高过陈友谅。

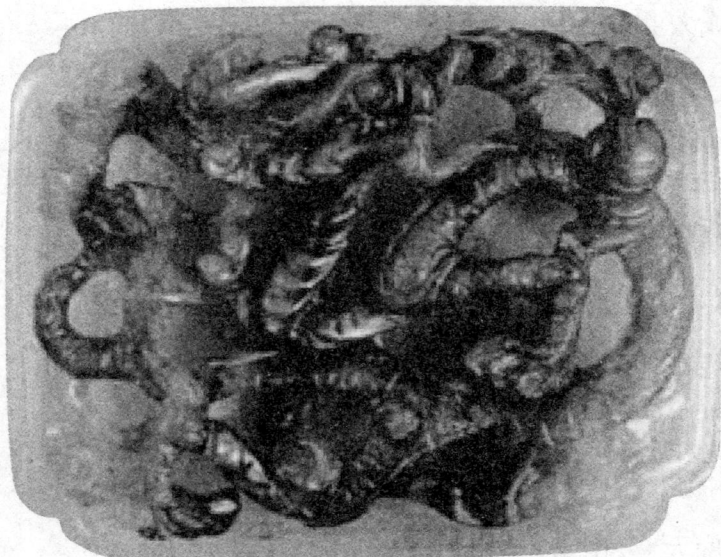

与陈友谅的猜忌相比，朱元璋的宽信赢
得了刘基的信任。从此刘基就把注意力
集中到朱元璋身上了，有意识地从各种渠
道了解关于朱元璋各方面的情况。通过
长时间的观察与了解，刘基对于朱元璋
的一切可以说是了如指掌，对于江南各
路英雄的发展趋势也是洞若观火。朱元
璋的远大志向和不同凡响的军事才能以
及高深的谋略，深得刘基的赏识与赞佩。
刘基此时与当年隐居在卧龙岗的诸葛孔
明一样，胸怀救世之才，等待时机，遇明

主便出山效力，一展鲲鹏之志。

朱元璋对刘基也是早闻大名，迫切希望得此贤才为己所用，一直在关注着刘基，希望能得到这位当世诸葛亮的辅助。两人虽未谋面，却有了相通的志向，一个欲成就帝业，一个想匡世济民，不谋而合。在刘基弃官归隐之后，朱元璋就派自己的部将去请刘基出山，辅佐自己成就像汉高祖一样的帝业。

至正十九年腊月某日的黄昏，刘基正在家中围炉读书，突然有人来访，来人见到刘基之后，将一封书信送与他。刘基问过来人身份之后才知道，这是朱元璋麾下处州总制官孙炎派来请刘基出山的特使。刘基看完书信，听来使说明来意之后，婉言谢绝了他的请求，使者无奈，只得返回处州。刘基的举动似乎与他的夙愿自相矛盾，但是如果仔细分析，便很容易发现其中的奥妙。作为刘基个人，他自然有他自己的想法，因为他的仕途经

历决定了他肯定会以谨慎的态度对待任
何人的邀请，当然也包括朱元璋。他虽
然对朱元璋有很深的了解，并且有自己的
评价，但那毕竟是他自己的判断而已，其
正确与否他并没有绝对的把握，所以还
必须有最后的试探。如果一两次辞谢之
后，朱元璋便作罢，证明他还不是求贤若
渴，不是个大度的、能成大事的人。如果
这样，即使他应邀赴任，最终也不会被信
任重用，所以他要再三推辞朱元璋的邀
请。

　　在刘基第一次送走朱元璋的使者之
后，不久，朱元璋又命孙炎派人请刘基出
山，此次使者携带丰厚的聘礼来相请。这
使刘基感到很为难，以他的性格不便立
即应允，无奈之下只得以祖上所留的龙
泉剑相赠，并以老母年高为由，再一次拒
绝使者。第二次聘请又告失败。然而，朱
元璋不愧是一代雄主，确有汉高祖一般
的胸襟，又有刘备请诸葛亮的坚持，在第

二次失败后，他并没有灰心，他明白凡是有大才的人必定要经过很多磨难才能得到。他再次命孙炎往聘刘基，并且以诗相赠。刘基通过朱元璋的再三聘请感受到朱元璋的诚意，他看到朱元璋以雄起赳一武夫，竟然能作出这般殷殷情切的诗，实属不易，他不好再推辞。再加上此时，刘基的老母也劝他出山以实现自己的理想，在这样的情况下，刘基出山之意遂决，从此揭开了人生全新的一页。

四、应天谋士

与刘基同时接受朱元璋聘请的还有宋濂、章溢、叶琛三人，此三人加上刘基号称"浙东四贤"。其他三人已经先行抵达金华，专候刘基到来相聚，然后再北上赴应天。四人会齐后，由朱元璋的部将胡大海亲自护送去应天。四人到达应天后，受到最隆重的接待。随后，朱元璋便亲自登门求教天下大势。相见之后，朱元璋提出自己的意图，以天下事相问，宋濂等三

人依次谈了自己的看法。刘基最后陈述了他的时务十八策，朱元璋听罢大喜，赞叹不已，认为自己是汉高祖得到张良，刘备遇到诸葛亮。此后，朱元璋便把刘基当做自己的第一谋士，而刘基也倾心辅佐。

刘基来到应天之后，首先要做的就是为朱元璋规划他夺取天下的征伐大计。据说有一天，刘基去见朱元璋，正赶上他在吃饭，朱元璋便要刘基以吃饭的筷子为题赋诗一首。刘基才思敏捷，随即口占两句"一对湘江玉并春，二妃曾洒泪斑痕"。朱元璋听罢，面露不屑之意，认为此诗秀才气太重，紧接着刘基又吟两句"汉家四百年天下，尽在留侯一借间"。朱元璋听罢大喜，留侯就是汉朝开国第一谋士张良，而朱元璋与汉高祖刘邦一样，都是起自布衣的农民起义者，朱元璋又处处与汉高祖相比，如今他得到了自己的张良，怎么能不高兴？从此他对刘基大加信用，而刘基也确实起到了运筹帷幄之中、决胜千里之外的军师的作用。

成为朱元璋的谋士之后，刘基为他规划了以后发展的蓝图。刘基认为，要夺取天下，必须先剪灭江南群雄，方可北上灭元。元朝各路官军个个心怀鬼胎，只知道保存自己的实力，不会南下进攻。而江南群雄中，他主张先灭势力最强的陈友谅，后取张士诚，再次是方国珍，福建和广东的割据势力可以传檄而定。他劝说朱元璋，陈

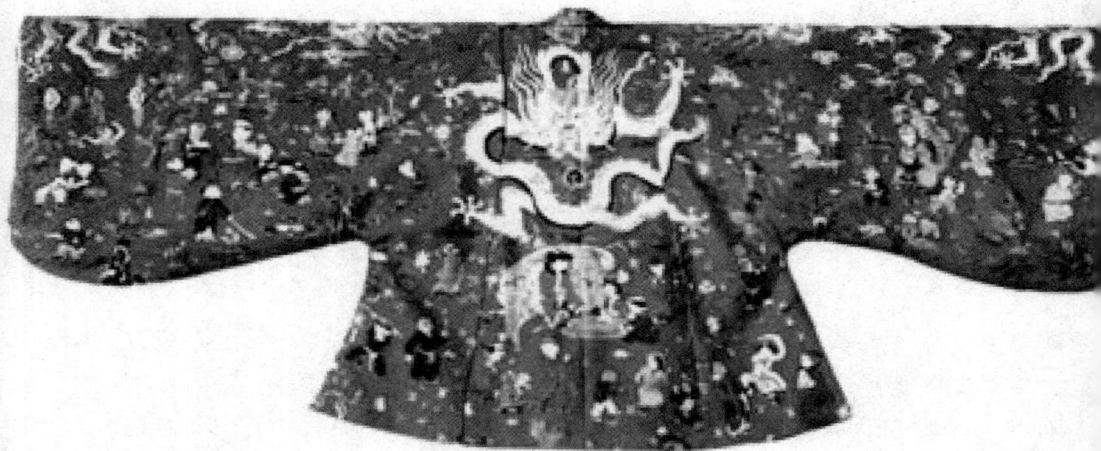

友谅野心勃勃，且地广兵强，然而此人挟
持君上，专权欺主，而且国内民心不附，
将士离心，虽然外表强盛，但实际很虚
弱。这就好比要擒获猛兽，就要先擒住最
凶猛的，其他的就会胆战心惊，也就很容
易擒获了。而且灭掉陈友谅可以得到大片
土地，又可以壮大自己的实力，为北上攻
元打下基础。等到攻灭陈友谅之后，再取
张士诚就易如反掌。张士诚这个人没有远
大的志向，在进攻陈友谅的过程中，他只
会据地自保，而不会发兵与陈友谅夹攻，
这样就可以很轻松地灭掉张士诚。陈友
谅和张士诚既平，其余之人不过数月就

可以拿下。南方平定后，再挥师北上，攻取大都，席卷中原，此后出兵川蜀，则天下平定，帝业可成。刘基的一番论述确实高瞻远瞩，高屋建瓴，令朱元璋茅塞顿开。他决定采纳刘基的计策，先攻灭陈友谅，再取张士诚。这样，朱元璋在全面胜利的道路上迈出了举足轻重的一步。

而此时的陈友谅，势力也正迅速壮大。他既有问鼎天下的实力，也有逐鹿中原的野心。至正十八年，陈友谅连续占领安庆、洪都、抚州、吉安、建昌、赣州，并且分兵出福建，取得邵武等地，声势大振。至正十九年，陈友谅挟其主天完皇帝徐寿辉至江州，骄横无比，自称汉王，置官署，封群臣，诛赏任自为之，丝毫不把自己的皇帝放在眼里。朱元璋要想吞并天下，就必然与他发生冲突。两雄相争，难免一战，且彼此必欲置对方于死地而后快。至正二十年五月，陈友谅因池州战败，亲率大军进攻朱元璋。汉军进攻应天

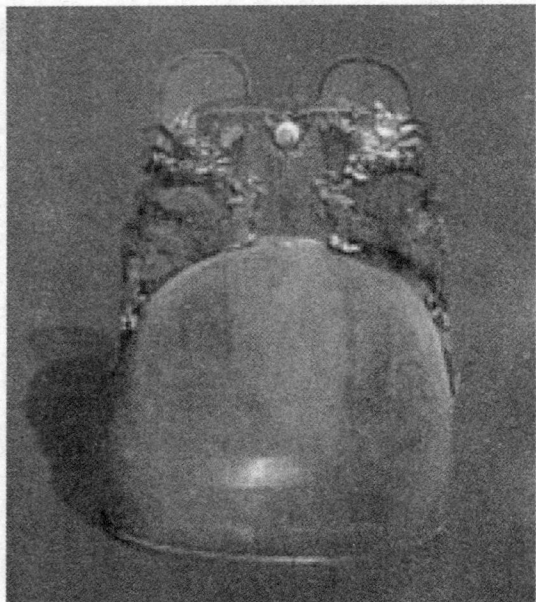

门户——太平。因寡不敌众，守将花云力
战不屈而死。著名的京剧曲目《战太平》
便由此而来。陈友谅占领太平，前锋直抵
采石矶，此时他认为取应天如探囊取物，
便想自立为帝，完成他的皇帝梦。有此想
法，他便欲弑主。经过一番准备后，陈友
谅以奏事为名面见天完皇帝徐寿辉，暗命
卫士以铁锤猛击徐寿辉头部，然后以皇
帝暴疾而崩布告军中。杀掉皇帝后，陈友
谅消除了称帝的最后障碍，便于采石矶的

五通庙称帝自立，行即位礼，国号汉，以邹普胜为太师，张必先为丞相，张定边为太尉，并屯重兵于采石，遣使约张士诚夹攻朱元璋，一时应天大震。

应天城内的朱元璋闻听此信，确实大出意外，陈友谅大兵已至采石，兵锋直指应天。朱元璋问计于文武，文官武将各执一词，有人主张投降以保全实力，有人主张退保钟山等待寻求有利战机，有人提出决一死战。这时只有刚刚出山的刘基默不作声，静静地听着诸将的议论。朱元璋听了诸将的意见，一时也拿不定

主意，见刘基一直沉默不语，便请刘基入内室问计。刘基来到内室后，斩钉截铁地对朱元璋说："先斩杀主张投降和退保钟山的人，才可以破敌。"朱元璋立即向他询问破敌之策。刘基徐徐说道："陈友谅杀害他的君主，自己篡权称帝，骄横无比，他内心一直没有忘记吞并我们。如今他气势汹汹，率大军占领太平，顺江东下，这是在向我们示威，逼迫我们退让。我们坚决不能让他得逞，只有抵抗到底这一条路。"然后刘基接着说:"陈友谅虽然兵将强悍,但是他们千里行军来进犯我们,将士必然疲惫不堪,这是他的一个不利条件;陈友谅杀害自己的皇帝来进犯我们,这是不义之举,不得民心,这又是一个不利条件。而我们后发制人,以逸待劳,等他的大军深入后,我们布置伏兵进攻,必胜无疑。这一场战役对我们意义重大,不可轻视啊。"朱元璋本来就不满诸将的意见,听了刘基的话,正中下怀,更坚定了他抗击的决心。于是他采纳刘基的计策调兵遣将,做好了迎战准备。他急调徐达和常遇春立即自池州返回应天听候调遣;驰谕胡大海率军进攻信州,以此来牵制陈友谅的后路;又授计康茂才,以诈降引诱陈友谅向应天进攻;冯国胜等率五翼军埋伏于石灰山(即幕府山)一侧;徐

达回来后伏兵于南门外；杨璟驻兵于大胜港；张德胜与朱虎率水师出龙江关外，策应诸路；朱元璋本人亲自在卢龙山督战。并约定信号，发现敌军举红旗，举黄旗时则伏兵齐出，四面进攻。一切准备就绪，单等陈友谅进攻了。

果然，陈友谅在称帝之后便迫不及待地要夺下应天，一统江南。此时他的旧相识康茂才约定作内应攻破应天，陈友谅闻听大喜，相信了康茂才的话。他亲率大军自采石矶来取应天。他的大军来到应天城外时，没有发现自己的内应，心里怀疑中计，但自恃兵力强盛，便继续前进，慢慢地进入了朱元璋的埋伏圈。此时，朱元璋军中已经举起红旗，单等陈友谅完全进入埋伏圈。陈友谅大军果然进入伏兵之处，朱元璋军中黄旗举起，伏兵四出。此时，大江之中，朱元璋的水师也出来助战，陈友谅顾此失彼，面对朱元璋的埋伏束手无策。此时，原约定来援的陈友谅的五弟也败于龙江。无奈之下，陈友谅只得弃大军，自己乘小船逃回江州老巢。采石一战，朱元璋大获全胜，稳定了应天根据地。

采石大战，可以说是刘基归顺朱元璋之后的第一次亮相，无论是战前力主迎敌，还是战中为朱元璋出谋划策，都显示了刘基的非凡魄力和

智慧以及杰出的军事指挥才能。这次战役的大获全胜巩固了朱元璋的应天根据地，这对朱元璋日后的发展至关重要。因此，刘基日益受到朱元璋的赏识和信任，在军中的威望也日益提高。战斗结束后，朱元璋要用克敌之赏来奖赏刘基，刘基却坚辞不受，这更赢得了诸将的尊敬与信任。

采石之战后，至正二十一年（1361年），朱元璋执行刘基的征伐策略，亲自率领徐达和常遇春等大将，在刘基的陪同下，进攻陈友谅。在刘基的谋划下，大军一路夺安庆，取江州，直逼洪都。就在攻取洪都的关键时刻，刘基的老母病故。依照封建礼法，父母身故，做儿子的应该回家守孝三年，以尽人子之道。此时的刘基听到这个消息，可以说是悲痛万分，老母身故，抱恨终天，恨不得立即回家为母亲守制。但是，洪都城旦夕可下，朱元璋又离不开他。刚刚出山，便要离去，他的

心中确实矛盾万分，去还是留是个很难的抉择。朱元璋似乎明白刘基的心思，在这进攻洪都的关键时刻，他的确不愿刘基离开，一旦刘基离去，这战争如何进行，战争的胜负也难以预料。朱元璋决定亲自写慰书给刘基，文章写得恳切动人，刘基阅罢，深为感动，他决定留在军中。终于，在刘基的帮助下，大军夺得汉国的门户洪都。夺下洪都后，朱元璋在著名的滕王阁大摆庆功宴，诸将皆开怀畅饮，以庆祝胜利。只有刘基一人内心悲痛万分，老母归天，自己却无法回家为母守孝，实在是不孝之极。在这种情况下，刘基提出要回家葬母。此时洪都城已经攻下，形势有利于朱元璋，他提出这个要求，朱元璋便答应了他，批准他回家葬母。

大军凯旋之日，刘基回家为母奔丧。葬母之后，刘基依例守制三年。此时他虽然身在青田，却心在应天，时时不忘他为朱元璋设计的征伐大计。而朱元璋在刘

基走后，就好像没了主心骨一样，凡事都
不敢果断地做出决定，深怕自己的决策
不妥，以致坏了大事。由此不难看出，刘
基对于朱元璋是多么重要。刘基也的确
称得上是朱元璋军中运筹帷幄、举足轻
重的人物，是朱元璋的股肱重臣。在刘基
守制的一年多里，朱元璋一再写信向刘
基询问军国大计，刘基则逐条分析，给出

答复，总使朱元璋感到满意。刘基确实是一位杰出的战术家，他运筹帷幄，几乎每谋必中，难怪诸将对他倍加叹服，朱元璋更是倚如腹心，几乎是言听计从。此时朱元璋更感到刘基不在的空虚，虽然可以用书信求教军国大事，但是毕竟路途遥远，缓不济急，对一些重要军情不能够及时拿出对策，这给朱元璋带来很大不便，因此他派人敦请刘基早回应天。

至正二十二年（1362年），朱元璋又一次派人送信给刘基，信中表达了朱元璋对刘基的期盼，希望他早日返回应天。信中每一个字、每句话，都反映了朱元璋对刘基的信任与依赖，反映了朱元璋因为刘基不在身边，对军政大事拿不定主意

的那种焦急心情。刘基终于被朱元璋的诚意所打动，为了不辜负朱元璋的一片盛情，刘基提前结束守制，返回应天。刘基回到应天以后，朱元璋更加信任他，继续他征伐四方、一统海内的大业。

朱元璋在此时虽然占据应天，但是名义上仍然是龙凤政权的属臣。此时龙凤皇帝韩林儿已经在元军的进攻下失去东都汴梁（今开封），退保安丰，形势岌岌可危。而这个时候龙凤朝廷的丞相、农民起义军领袖刘福通也已遇害，元朝大军包围安丰。小明王韩林儿无计可施，日夜啼哭，只得派人赴应天向朱元璋求救。朱元璋作为小明王所封的江南行省平章事、吴国公，有义不容辞的救护责任，再说这样也可以获得救主的美名。在这种思想支配下，朱元璋拒绝了刘基的建议，亲率大军迎小明王于滁州，供奉甚厚。而此时陈友谅一刻也没有忘记采石之战的耻辱。为了一雪前耻，夺回洪都，陈友谅趁朱元璋救韩林儿之际，亲率大军来攻

洪都。这就引发了吴汉双方决定性的战役——鄱阳湖大战。

至正二十三年（1363年），陈友谅起倾国之兵来取洪都。陈友谅的水师，有巨舰百余艘，号称"楼船"，大的可容三千人，小的也可容两千人。陈友谅自以为必胜，载着百官家小，空国而来，大军号称六十万，于当年的四月二十三日直抵洪都城下，拉开了这场大战的序幕。洪都守将朱文正是朱元璋的亲侄子，一面率军奋力抵抗，一面派人赴应天求救。

八月二十九日，朱元璋亲率二十万大军来援。两军相遇在鄱阳湖中，大战四天不

分胜负。这四天中陈友谅损失惨重，麾下大将陈普略和两个弟弟陈友仁、陈友贵先后战死。同样的，朱元璋的损失也不小。据记载，朱元璋率水军与陈友谅大战于鄱阳湖，相持四日，胜负未决，朱元璋心中十分焦虑。看来真是到了性命相搏的时刻，连朱元璋自己都没有必胜的信心。

这时候，刘基提出"移师湖口"的建议，就是将战舰全部转移到湖口，封锁鄱阳湖通往长江的水道，将陈友谅的水师困在鄱阳湖中。朱元璋立即采纳这个计策。九月初二，朱元璋的战舰尾部都升起灯笼，陆续驶往湖口，封住了鄱阳湖进入长江的水道。至此，鄱阳湖成了一只扎住陈友谅水军的口袋。很明显，陈友谅的巨舰在相对狭窄的湖口水面上远远

比不上朱元璋的战舰那样灵活有用，所以相持十数日，陈友谅始终不能突破湖口的封锁。这个时候，陈友谅的许多将领提出，放弃水军船只，从陆路返回武昌，整军再战。由于意见不统一，汉军内部发生了激烈争吵，接着，竟然出现了叛逃事件。更要命的是，双方相持日久，陈友谅军中粮食已尽，而派去抢粮的五百艘船又被洪都守将朱文正放火烧毁，陈友谅陷入困境。

陈友谅粮尽援绝，无奈之下，企图冒死突围，逃回武昌。他亲自带领楼船百余艘奔赴南湖嘴，被此处守军击退而不

能通过。于是，只得再转往湖口，准备从此突入长江。朱元璋与刘基指挥各军围追堵截，用火舟火筏冲击楼船。陈友谅舟船散乱，狂退数十里，滞留在湖中。战斗自清晨持续到午后，两军相搏，顺流而下，直至江口，陈友谅遭重兵伏击，中流矢而死。朱元璋的军队听到这个消息，欢呼雀跃，士气大振，更加奋力杀敌。陈友谅大

军失去主帅，大溃而散。陈友谅的太子陈善、平章姚天祥被俘，枢密使李才以全部楼船军马来降，朱元璋得人马五万余。汉国太尉张定边用小船载陈友谅尸体及其子陈理星夜逃回武昌。鄱阳湖大战至此以朱元璋大获全胜而告终。

此次大战，刘基与朱元璋同船督战，

直接参与谋划与指挥，功盖诸将。在大战之前，朱元璋是没有把握的。刘基为朱元璋分析了当时的形势，认为知己知彼，百战不殆，敌我双方各具优势，敌方的优势是，大军号称六十万，我方只有二十万。水军船舰，敌方高大坚固，连舟布阵，长达十余里。我方小船难以仰攻，故在人力和装备上，我方处于劣势。但是我方也占有优势。首先，我军士气高涨，能够同仇敌忾。敌方已经围困洪都八十余日，死伤惨重，已是强弩之末；其次，敌方战舰相连，虽可以抵挡大江上的风浪，但行动不便。我军舟小体轻，操纵灵活，进退自如；还有就是陈友谅这个人寡恩多疑，上下离心，而我军则上下一心。最后一点就

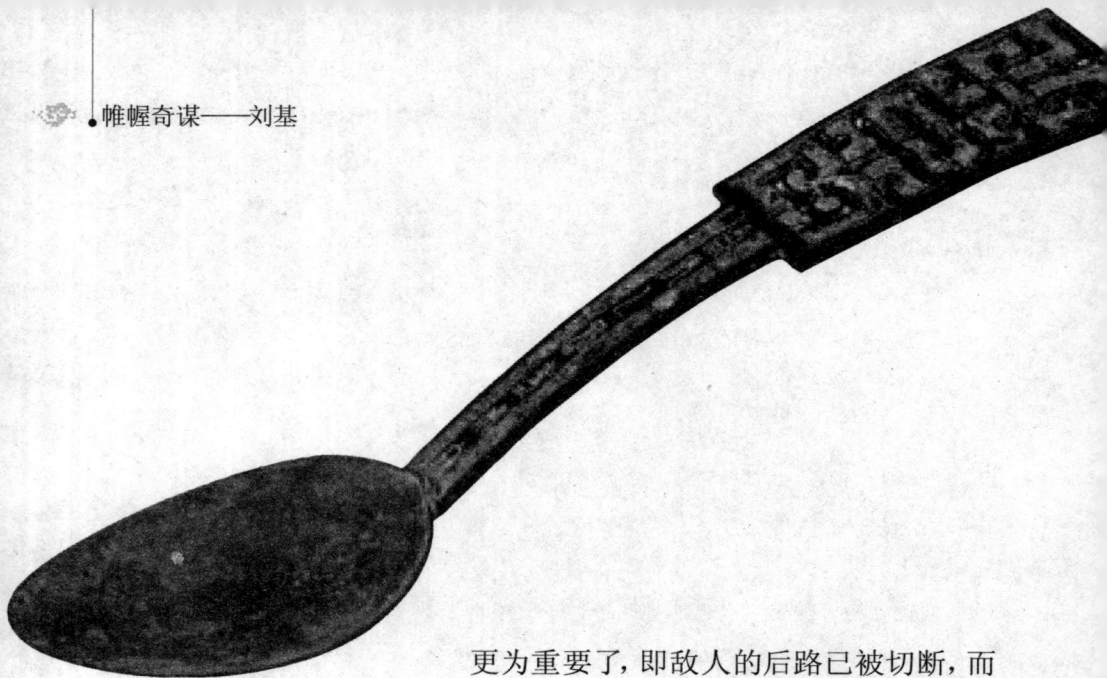

更为重要了，即敌人的后路已被切断，而且对方空国而来，粮尽兵疲，无援可待。而我方却有应天大后方源源不断的接应。综合起来看，我方的优势多于劣势，因此此战必胜无疑。朱元璋听后，树立了决战到底的信心。

鄱阳湖之战是朱元璋削平江南群雄的一次重要战役。此次双方投入兵力之多、战斗激烈程度与持续时间之长，在我国战争史上也是少有的。此次战争的胜利对朱元璋来说，意义是重大的。可以说朱元璋之所以最后能够削平群雄，推翻元朝，建立了延续276年的大明皇朝，鄱阳湖之战是一场决定性战役。正如朱元璋自己所说的那样，统一天下的大业，是从鄱阳湖大战的胜利开始的，从此以后就没有什么可值得忧虑的了。

陈友谅的太尉张定边回到武昌后，立陈友谅的儿子陈理为帝，但是此时汉国已无实力与朱元璋相抗衡。在鄱阳湖大战的次年，朱元璋采纳刘基之策，溯江而上，率大军直指武昌，张定边战死，陈理出降，汉政权正式宣告灭亡。

灭了陈友谅，大军凯旋回应天，按照刘基的策略，下一步便是全力征讨张士诚。自此以后，劲敌已灭，从征讨张士诚开始，朱元璋与刘基便不再亲自出征了。但是，每次命将出师的用兵部署以及大的战役计划，朱元璋仍旧和刘基密议以后才决定。经常是朱元璋到刘基的住处，或者召刘基入府中，两个人就天下大事还有征讨方略秘密议定，然后由朱元璋向诸将部署，由诸将执行。朱元璋知道刘基的

一片赤诚之心，所以无论什么事都要找
刘基商量。刘基自己也感到和朱元璋乃
是不世之遇，犹如汉高祖之遇张良，也做
到知无不言，遇有急难之事，刘基勇气奋
发，计划立定，往往能够成功。正因为刘
基是这样一个难得的人才，所以自从朱
元璋得到刘基以后，每战必胜，每攻必
克，遂能扫平群雄，一统天下。正因为
这样，朱元璋对刘基非常尊敬，常呼
老先生而不名。

　　江南群雄中在此时能与朱元
璋相抗衡的只有张士诚了。灭亡张
士诚，早在刘基的策划当中。张士
诚在鄱阳湖大战之时，没有
答应陈友谅夹攻朱元璋
的请求，而是观望
不前，失去了消灭朱
元璋的最佳时机。而
经过讨灭陈友谅的
战争，朱元璋声势大

振，实力也大大增强。等到陈友谅彻底败亡之后，张士诚才意识到自己的危机，遂派兵进攻朱元璋。这时候发动进攻，非但不能取胜，反而为朱元璋制造了战争借口。至正二十五年（1365年）十月，朱元璋在打退张士诚的进攻后，发布文告，命令徐达等进兵征讨张士诚割据的苏北地区。

到至正二十六年（1366年）四月，苏北之地已全部落入朱元璋手中。随着苏北与淮南之地的失陷，至正二十六年五月，朱元璋命徐达为大将军、常遇春为副将，起兵二十万，向江南张士诚的腹心地区发起进攻。

至正二十六年，徐达和常遇春先后攻下了湖州、杭州、嘉兴、绍兴等地，十一月形成了对平江的包围。张士诚手下大将吕珍和李伯升先后投降了朱元璋。但平江城城高墙厚，硬打很难攻下，朱元璋便下

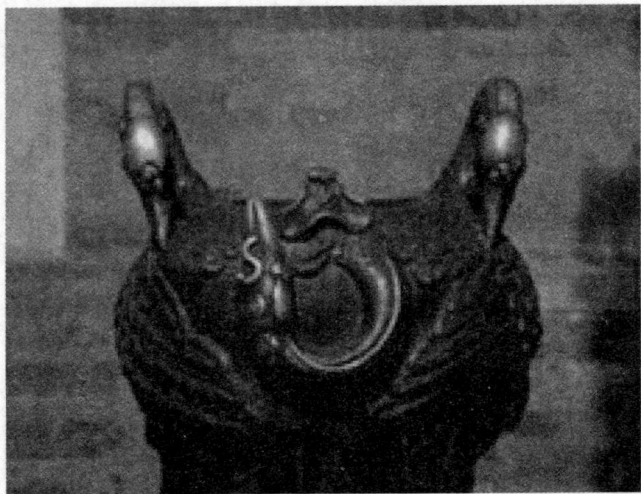

令在平江四周筑起长围，在长围上建起三层高的木塔，名为敌楼，监视城中动静，每层敌楼上都装有弓箭火炮，又用巨石炮日夜轰击。朱元璋派人送信给张士诚，劝他投降，降将李伯升也去劝降，但张士诚仍是不降。张士诚派他的弟弟张士信守城，张士信倚仗城池坚固也满不在乎，在城墙上督战时还带着美女与好酒寻欢作乐，结果中炮身亡。

平江城长时间被围，张士诚内无粮草，外无救兵，只好拼命突围，但没有成功。终于，在至正二十七年（1367年）九月，城被攻破，其手下守城将领投降，张士诚亲自率人进行巷战，最后见无法挽回败局，下令把户籍图册全部烧毁，把国

库里的金银财宝和绫罗绸缎全部分给百姓，然后放火烧死妻子家小，自己上吊自杀，但自杀未遂，被李伯升救下，交给常遇春送到应天。过了几日，他乘人不备，又自缢而死。此后，江南只有方国珍与福建、广东二地没有扫灭，而这些势力根本不足以与朱元璋相抗衡。现在朱元璋要做的就是北伐中原，攻取大都，灭亡元朝。

至正二十六年十一月，当朱元璋兵临平江，筑起长围，张士诚已经成为瓮中之鳖的时候，朱元璋又在十二月派廖永忠去滁州迎接小明王的銮驾至应天，当小明王在瓜步乘船渡江时，廖永忠派人把船凿沉，小明王韩林儿和他的家属都成了江中冤魂。

廖永忠此举实是受了朱元璋的指派。以前朱元璋要发展自己需要打着龙凤皇帝的招牌，用恢复大宋江山为幌子，收买人心。等到至正二十六年十二月的时候，天下形势已经大不一样了。几年来，朱元璋按照刘基为他指定的征伐大计，一步一个脚印走了过来，最强劲的对手陈友谅已经被消灭，张士诚的灭亡也只是时间问题，朱元璋下一步就要自己当皇帝，这时候小明王就成了他的一个障碍，除掉他是必然的了。小明王既死，龙凤政权也就不存在了，龙凤年号也自然废止，于是朱元璋在至正二十七年称吴王，改当年为吴元年，这离

他登基称帝只有一步之遥了。

吴元年（1367年），朱元璋按照刘基制定的"征讨大计"，几乎同时进行了南征和北伐。

吴元年九月，当朱元璋攻克平江后，随即兵分两路进攻方国珍。当时的方国珍已是惶惶不可终日，一筹莫展。他感到自己已是穷途末路，便搜集珍宝，征集海船，准备全家入海逃跑。朱元璋见方国珍不可理喻，便在九月派兵进占台州和温州，派汤和率大军攻打庆元，方国珍逃入海中，汤和率军追击，大败方国珍于海上。十一月，朱元璋又派廖永忠率舟师入海，与汤和合击方国珍，方国珍纳款投降。

吴元年十月，在平定方国珍时，朱元璋命胡廷瑞为征南将军，何文辉为副将，率军征讨福建的军阀陈友定。

陈友定虽然割据福建，却是大元朝

的福建行省参知政事，闽中八郡皆属他管辖。他是元朝真正的忠臣，屡次为缺粮的大都从海上运粮，大受元顺帝的嘉奖，命他总领福建。这时候福建与朝廷的联系已经隔断，陈友定成了福建的土皇帝。

这次朱元璋派军南征陈友定，一路上势如破竹，陈友定的部将纷纷投降。十二月，朱元璋又令汤和与廖永忠等人率舟师自庆元取福州。到了洪武元年（1368年），明军攻建宁，进围延平，陈友定服毒自杀未死，俘送应天，不久被杀。此后福建的各路州县相继投降，福建平定。

福建平定后，朱元璋继续南征。这时除了四川的明玉珍，云南的梁王有相对孤立的割据政权外，两广还未平定，但是这些力量比较分散，不能阻挡朱元璋。很快朱元璋便夺

取了两广之地。

此时朱元璋要做的就是实现刘基为他设计的蓝图中最重要的一步,北上灭元。这个时候,元朝统治集团更加腐败不堪,内部倾轧,军阀混战,已经到了不可收拾的地步。在丞相脱脱被贬杀后,元顺帝失去约束,更加怠于政事,皇太子掌握政权,与元顺帝又发生冲突,几乎到了兵戎相见的地步。自从脱脱死后,元军更是不堪一击,只有依靠各地军阀来镇压农民起义。此时,依靠地主武装起家的察罕帖木儿、李思齐、张良弼等人迅速崛起。可是这几家各怀鬼胎,都想保存实力,壮大自己,四家争权夺利,相互攻伐不已。与此同时,宫廷内部的争斗也到了白热化的地步。在这种形势下,朱元璋开始进行北伐。

吴元年十月,朱元璋命中书右丞相徐达为征虏大将军,平章常遇春为副将,率大

军二十五万北伐。朱元璋在和刘基商定之后，提出了北伐的具体方案：先攻取山东，打掉大都的屏障；再回师河南，斩断大都的羽翼；攻取潼关坚守，不让陕西的元军出关；这时候再进军大都，大都就成了一座孤城。攻下大都后，再派军从潼关进攻陕西，这样关陇、云中、九原就可以席卷而下。刘基在这个时候一再提醒朱元璋，此次北伐是吊民伐罪，推翻大元朝廷，一定要申明军纪，不可滥杀无辜，最重要的就是平定中原，使百姓生活安定，同时他还提出，为了争取中原百姓的支持，北伐还要宣传光复汉室江山的意义。

按照计划，北伐的第一步是攻取山东，徐达率军抵达淮安，派人招抚，元朝山东守将或降或逃，山东平定。接着进军河南。徐达亲自率军进攻北宋旧都东京汴梁，元朝守将左君弼等投降。这时候的朱元璋已于至正二十八年（1368年）在应天登基称帝，改国号为大明，改元洪武。

洪武元年五月，朱元璋北巡汴梁，准备进
军大都。此时的大都已成了孤城一座，李
思齐被困在陕西，王保保战败于河南，大
都彻底失去了外援的支持。同时明军在
河南也取得大胜。北伐大军随即在德州
会齐，步骑舟师沿运河北上，直取直沽。
元守将纷纷逃遁，大都震动。当明军进
抵通州时，元顺帝率太子后妃开德胜门
北逃上都。八月初二，徐达率北伐大军进
入大都，至此，统治中原97年的元朝终于
被推翻。元朝被推翻后，朱元璋在刘
基的策划下，派大军开始了清除各
地残余势力的战争，取得全国的统
一。

明闢國詩意伯劉文成公故里

大清乾隆二十八年歲次癸未孟夏之吉

邑令閩南吳掄日立

五、大明功臣

　　洪武元年（1368年），朱元璋建立明朝，设置御史台，以刘基为御史中丞，担任御史台的行政长官。七月，朱元璋北巡汴梁，命刘基与中书左丞相李善长留守应天。这期间由于刘基的刚正不阿，得罪了大明第一功臣李善长。

　　在朱元璋走之前，刘基就要求严肃纲纪，严惩不法者，朱元璋完全同意刘基的观点。刘基平日刚严，凡见官吏犯法，

即严惩不贷，所以当时的官吏都很惧怕刘基。就在朱元璋北巡汴梁之际，中书都事李斌犯法当斩，可是此人是李善长的亲戚，李善长在此时便替他向刘基求情。李善长认为满朝大臣都会看在自己这个开国第一元勋的面子上放过李斌，刘基也应该是这样，谁知道刘基没答应，并且派人赴汴梁奏斩李斌。李善长由此怨恨刘基。

刘基在担任御史中丞期间，不但不畏权臣，而且敢于直谏。洪武二年九月，朱元璋与群臣讨论建都之地。有的人说，

关中是天府之国，地理位置险固，又是汉唐旧都，应该定都在关中。有的人说，洛阳处在天下中心位置，应该建都洛阳。有的人说，汴梁是大宋旧都，于此建都可以收买人心。有的人则说北平宫室完备，建都于此可以节省民力。朱元璋听了诸臣的建议后说，你们说得都很对，所不同的就是说法不同而已。应天有长江天险，龙盘虎踞，足以建都。而临濠（今凤阳），前有长江，后有淮河，有险可依，可以建为中都。群臣听了朱元璋的一番话后，都交口称赞。在大家都应和讨好君主的情况下，唯有刘基大胆持反对意见。他说："临濠

虽然是陛下的家乡，但是却不是建都之地。"刘基的一句话一针见血，一语道破了朱元璋的真实想法，临濠无论是从地理位置还是从政治经济角度看，都不适合在这里建都，朱元璋之所以要建都于此，只因为这里是他的家乡而已。刘基这样直言不讳地谏阻皇帝，当然惹得朱元璋大为不悦。他最终还是没有听从刘基的建议，正式下诏以临濠为中都，并改名凤阳。

刘基在开国之后，既敢于抗言直谏，又敢于得罪权臣。但是对于一般的大臣，

他却很宽容。他经常在朱元璋面前解救廷臣，被他解救的廷臣知道刘基救了自己，都满怀感激之情前去致谢，还有很多人在免遭责罚之后还不清楚是谁救了自己。对于这些，刘基都只字不提。从这些事上，我们可以看出刘基的为人。对于平民百姓，刘基一直主张要爱民宽仁。在刘基担任御史中丞期间，经他手平反了不少冤案。

朱元璋于1368年称帝，建立了大明皇朝。虽然元顺帝已经逃往上都和林，割据各地的军阀也基本被消灭。但是，经过元朝历代皇帝的荒纵，还有数十年以来的战祸，封建统治秩序几乎全被打乱。现在首先要做的是恢复统治秩序，发展生产。重建一个国家不是朱元璋手下这些大将能做到的，就是文臣之首李善长也不能做到完美。此时，刘基呕心沥血，为大明朝重建封建秩序作出了巨大的贡献。洪武元年，朱元璋登基称帝后，拜刘基为御史中丞兼太史令加太子赞善大夫。即位后，朱元璋问刘基，过去群雄角逐，生灵涂炭，现在天下太平，应该用什么方法使百姓休养生息呢？刘基回答说，使百姓安居乐业，就是要做到对百姓实行仁政，不要过分剥削百姓，这样天下就会安定。从这里我们可以看出，刘基治理国家的理论基础是传统的儒家思想。早在他投奔朱元璋之前，他就有一套完整的匡治天下的理论和方法，这个理论和方法，集中地反映在他所著的《郁离子》一书中。

他认为，治理天下就像医生治病一

样，关键在于切脉、审证、开方、用药几个环节。治理天下也同样是这个道理，一个国家的纲纪就是这个国家的脉象，社会治乱就是症状，道德和刑罚就是药房，而各级管理人才即大小官吏就如治病的药材，只要把握国家的纲纪、德刑、人才就能治理好天下。他认为治世的原则，应该是德刑并用而以德为主，就是要首先反对暴虐，反对无止境的榨取，要有仁爱之心，懂得关心和爱护百姓以仁慈感天下，同时还必须有严明的法纪，有法必依，执法必严，使人有所畏惧，以维护不可动摇的封建统治秩序。德治威行，前者是本，后者是辅，只有德治才能真正取胜天下。他还认为，德治的关键在于吏治，即在于选用人才。治好天下应该启用秉公执法、德才兼备的人担任各级官吏。他主张不拘一格选拔人才，唯能是用，量才录用。刘基根据这套理论与方法，帮助刚刚建立政

权的朱元璋治理天下，收到了很好的效果。

刘基认为开国之初施行仁政的最大障碍就是纲纪不严。自宋朝和元朝以来，尤其是在元朝末年，从皇帝到各级官吏，上贪下暴，纲纪败乱，致使生灵涂炭，群雄四起。因此当前最重要的就是振肃纲纪，再施行仁政。他把振肃纲纪、建立法令制度当做头等大事。早在明朝建立以前，刘基就针对军队滥杀无辜的严重现象，恳请朱元璋立法加以制止，朱元璋采纳了他的建议，每当军队攻下一城后，便命李善长把事先写好的禁约四处张贴，还派人沿街巡查，凡遇到违反禁令的，当场治罪。由于纪律严明，朱元璋军队的声威越来越大。这也是他削平群雄，最后取得统一中国胜利的重要因素。

明朝建立后不久，刘基奏请并亲自参与制定《大明律》与《军卫法》。吴元年（1367年）十二月，刘基与李善长等人编制的律令完成，这就是《大明律》最早的雏形。经过朱元璋审阅及群臣讨论，作了些修改，删繁就简，减重从轻，然后颁布施行。《大明律》共计285条，其中145条是唐朝《永徽律》的旧条例。在此基础上，朱元璋又在五年后加以修改，最后终于在洪武三十年正式颁行。《大明律》是中国法律史上极其重要的一部法典，其总的精神就是宽和待民与严惩贪官。这些无一不体现了刘基的治世思想和治国理念。

洪武元年，刘基

又奏请建立军卫法，军卫法又叫卫所制，是明初的一项重大措施。刘基根据百姓需要休养生息，用兵却又不能少的实际情况，兼取古代军屯与府兵制的长处，创立了卫所制度。这种军事制度有两个特点：一是常备军与农业生产密切结合。二是将领不得专有军队，军队属于国家即皇帝，将领只是统领。这样一来，军队通过屯田就能自己解决军粮问题，而且还能防止因将领长期带兵，军队成为将领私人军队现象的出现。既节省了国家

开支，又保存了国家实力，一举两得，难怪朱元璋为此而自豪。如此一来，骄兵叛将、悍将跋扈的危险就没有在明朝出现过。这可以说是刘基对明朝最大的贡献。

《大明律》和《军卫法》的制定，在明朝是两件大事，刘基作为开国元勋，首先倡导并直接参与制定，充分体现了他非凡的治世才能。

六、刘基之死

　　洪武元年，58岁的刘基成为大明朝
的开国元勋。此时他心里想了很多，一股
莫可名状的惆怅控制了他的情绪，他的
思绪就像脱缰的野马，跑了很远。随圣上
征战十余年，凭借自己的学识，为其打下
了江山。然而，刘基熟悉朱元璋也熟悉历
史。他知道，朱元璋这个人猜忌多疑，刚
愎自用，区别是非、判断善恶的标准，往
往是他个人的意志，他讲君臣关系时可以

说是冠冕堂皇，而实际上他对部下时时不忘严加防范，怕他们夺取自己的权位。刘基也明白朱元璋不是唐太宗那样的圣主，没有他那样的度量，唐太宗不仅能和功臣共患难，更能同富贵，为了保全功臣，唐太宗可以说付出了很多，而且和功臣们也可以说得上是推心置腹。朱元璋却不是这样的人，他只可以共患难而不可以同富贵。刘基更熟悉中国的历史，他想到了春秋越国的大夫文种，帮助勾践灭亡吴国，可是成功后勾践却把他杀害。他知道朱元璋就是越王勾践一类的君主。想到这，范蠡映入刘基的脑海，他在帮助勾践灭吴后，浮海泛舟做了一个商人。刘基决定学范蠡，托辞致仕，回归故土。

洪武元年七月，朱元璋从汴梁回到应天，正当各地捷报频频传到京都，君臣上下沉浸在一片欢乐喜庆气氛之中的时

候，刘基突然提出了告老还乡的请求。对此，朱元璋感到惊讶不已。刘基的这个决定，确实使朱元璋和同僚们感到突然和费解。自从出山投奔朱元璋，到削平群雄而建立大明王朝，刘基以他第一流谋士的身份，十数年来跟随朱元璋南征北战，付出了全部的心血，作出了巨大的贡献。本应该在大功告成之后，以功臣自居，封侯赐爵，这才是情理之中，然而他却没这样做，这正是他超乎常人的独特之处。"飞鸟尽，良弓藏；敌国破，谋臣亡"的道理，他比谁都懂。

就在朱元璋回到应天后不久，因为李斌的事情，李善长弹劾刘基擅权揽政。再加上此时刘基对朱元璋建都凤阳的事予以谏阻，让朱元璋很不满意，刘基决定就此告老还乡。从历史上功臣被杀的先例看，

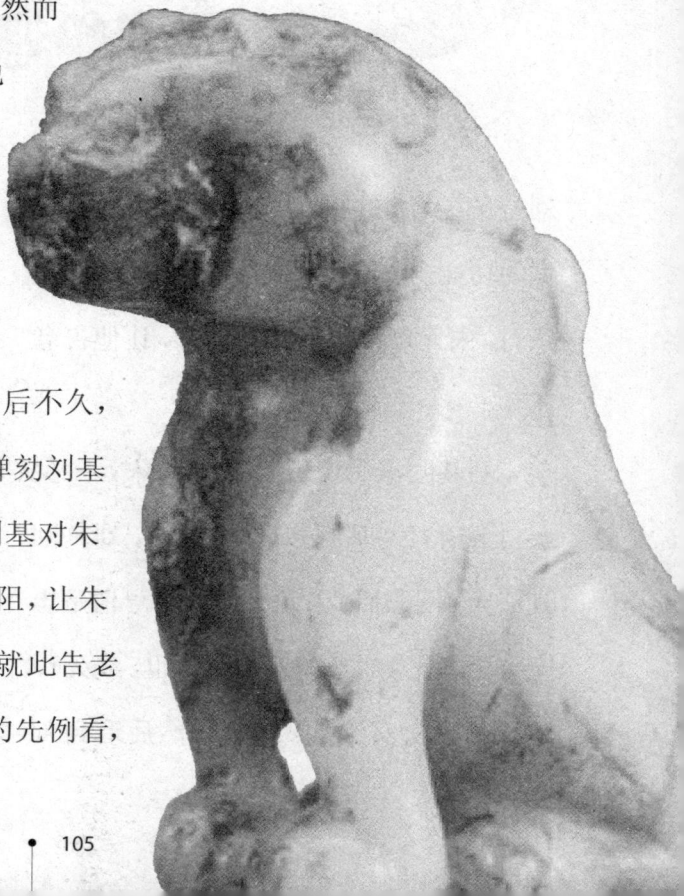

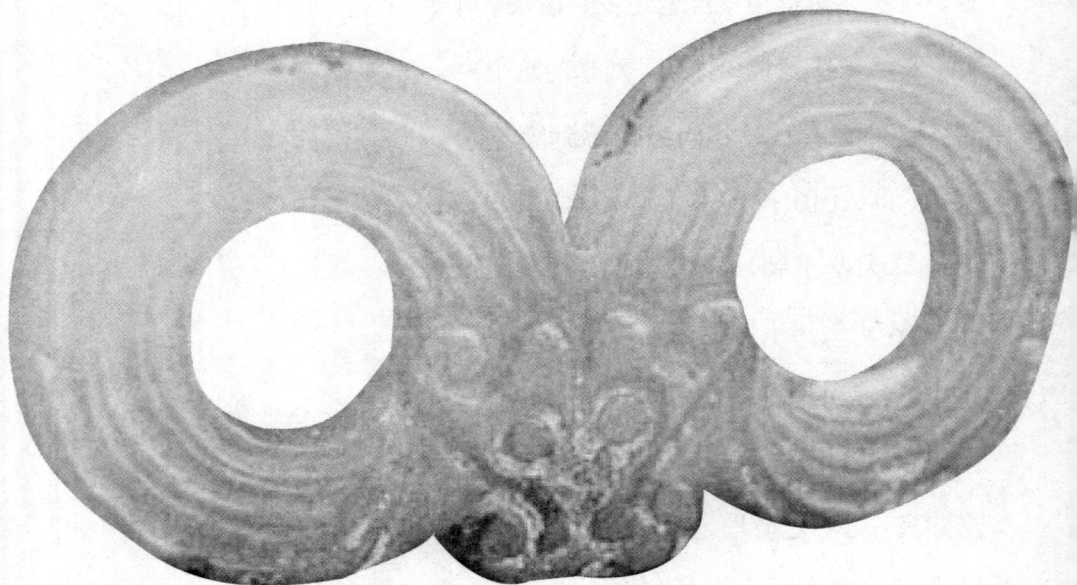

刘基的急流勇退是正确的。他完成了张良的功业，此时他也要学张良。洪武元年八月，朱元璋准了刘基的请求，让他告老还乡。

刘基回家后仅过了几个月，朱元璋又亲自下诏召刘基回京。无奈之下，刘基回到应天。回来后，朱元璋对刘基可谓是恩宠备至。因为刘基夫人刚刚去世，朱元璋就赐一名宫女给他做侍妾，然后追封刘基的先人。同时恢复了他御史中丞、太史令的职务，并且加授弘文馆学士的头衔，以示荣宠。

洪武三年（1370年）十一月初，徐达和李文忠的北伐大军班师回京。紧接着，朱元璋便大封功臣。封公者有六个人，封侯的有二十八个人，所封公侯中竟然没有刘基。这是为什么呢？这还是要从刘基的为人说起，刘基明白位越高则危险越大。当年张良为刘邦开创大汉朝立下不世之功，刘邦要在富庶的齐国为他选三万户

作为封赏，张良固辞，只封了留侯而已，这是张良的全身而退之道。刘基是朱元璋的张良，他当然在封赏上也要学张良。朱元璋觉得如果不封赏刘基实在有点对不起他，因此，朱元璋下诏封刘基为诚意伯，赐铁券，这比起李善长来差远了。虽然刘基自己并不在乎这些，但还是从这件事上得出结论，朱元璋不再像从前那样信任和器重自己了，既然这样，何不再回到家乡，去过安静而又与世无争的生活呢？

洪武三年（1370年），刘基被授为弘文馆学士，十一月，朱元璋大封功臣，册封刘基为开国翊运守正文臣、资善大夫、上护军、诚意伯。

次年即洪武四年（1371年）正月，刘基提出了告老还乡的请求，朱元璋终于同意了，刘基很是高兴。无论如何，朱元璋总算满足了刘基这位勋臣最后一点小小的愿望，这对于襟怀坦荡、淡泊名利的刘基来说就足够了。这年四月，刘基安全回到家中，从此便开始了隐居生活。他远离官场，摆脱了尔虞我诈的烦扰，如释重负。这也正是刘基在功成之后所渴望得到的。他终于回到了自己的故乡，看着亲人，看着家乡的山山水水、一草一木，刘基感到从未有过的轻松和愉快。

刘基每天都是以饮酒弈棋为乐，对自己过去的功劳绝口不提。因为刘基有威名，又是朝廷的勋臣，地方上的官吏都想见见他，但刘基都一一回绝。刘基之所以避见地方官，是因为他怕地方官奉承张扬，常来常往，传到朱元璋耳朵里，就会有植党结派之嫌了。既然隐居乡里，就彻底地与官场是非断绝联系，做一个普普

通通的老百姓，以免惹出是非。刘基这次还乡，几乎天天和家人在一起，尽享天伦之乐。刘基认为自己人生的最后岁月就该这样悄无声息地度过。

可是，人的理想总与现实有着巨大的差距，甚至是相反的方向。刘基虽然已经告老还乡，过着与世无争的生活，但是自小接受儒家教育的他，始终不忘朱元璋的知遇之恩，仍然在关心着国家大事。他觉得自己虽然离开了朝廷，不在官位，然而还在享受着国家的俸禄，食君之禄，就要分君之忧，作为国家的勋臣，就应该发挥自己最后的光和热，尽一点微薄之力。

谈洋位于青田县南170里处，此地在处州与温州之间，又临近福建。此地地处山区，地势险恶，交通不便，是官府势力达不到的偏僻之地，历来都是流氓无赖

聚集的巢穴。刘基得知这样的情况，考虑
到这件事情关系到地方百姓的安危及大
明皇朝的统一稳定，自己曾是朝廷命官，
又是大明朝的开创者之一，有责任站出
来管一管此事。于是便在洪武五年（1373
年）秋，奏请朱元璋在这里

设置巡检司，派兵把守。刘基命其子赴应天上奏，这没有经过当时的中书左丞相胡惟庸，引起了胡惟庸的不满，加之刘基平日就告诉朱元璋要慎用胡惟庸，他对此事一直耿耿于怀，总想找机会报复。这次刘基上奏没有经过中书省，他便以此事构陷刘基。须知大明朝的中书省是天下的政务机关，所有内外奏章都要先经过中书省，否则就是违制，刘基这样做无疑让胡惟庸抓住了把柄。于是，胡惟庸便在刘基奏请设立巡检司一事上大做文章。

胡惟庸指使刑部尚书吴云，诱引处州府和青田县的官吏构陷刘基，说刘基看中了谈洋这个地方，因为这里有"王气"，刘基想据为己有，作为墓地，当地百姓不肯，便提出设立巡检司的办法驱赶当地住户，因此激起百姓作乱。接着，胡惟庸请朱元璋按叛逆罪处置刘基。朱元璋虽然不完全相信，但是"王气"这两个字让

本来就多疑的朱元璋犯忌讳，加之他深知刘基通晓卜易之学，说不定此事是真的。所以他虽然看在刘基开国功臣的分上没有治罪，但是却手诏切责了刘基，并下旨夺了他的俸禄。

对此，刘基十分惧怕。他知道朱元璋起自布衣，好不容易得到帝位，最害怕的就是臣下篡位。这个人既没有唐太宗的宽仁大度，也没有赵匡胤的保全功臣之意，而且雄猜好杀。无奈之下，这一年七月，刘基再次入朝，亲自朝见朱元璋，辩明此事。刘基在朱元璋面前顿首谢罪，引咎自责。为了消除朱元璋的怀疑与猜忌，刘基决定留在应天，不敢再提回家之事了。

刘基此时在京城可以说是如临深渊，如履薄冰。皇帝怀疑他也就罢了，当

时的权相胡惟庸与第一功臣李善长也时

时想着陷害他。早在洪武初年，刘基在和

朱元璋讨论丞相人选的时候就得罪了李

善长和胡惟庸。当初朱元璋起兵之时，李

善长是第一个来投奔他的文士，此后李

善长为朱元璋全心全意经营，保住了应

天根据地，并为朱元璋源源不断地提供

后勤补给，可谓功不可没。加之李善长在

第一次面见朱元璋之时就为他解说天下

大势，将朱元璋比作汉高祖，这一政治远
见让当时的朱元璋深深折服，刘基对此
也是大加赞赏。再加上李善长是淮西人，
能够调和诸将之间的矛盾，保持内部的团
结。大明朝开国，李善长可谓功勋彪炳。
故此，朱元璋册封李善长为韩国公，位列
功臣之首，并将自己的嫡亲公主许配给李
善长的儿子，可见对他的器重之深。

　　可是李善长这个人虽然有汉朝萧何
之功，却没有萧何那样的度量。外表虽
然宽仁温和，但心胸狭窄，而且总是首先
考虑淮西人的利益，这就使朱元璋大为
不满。朱元璋本身是一个权力欲极强的
人，特别是他当了皇帝以后，总是猜疑臣
下对他不忠。开国初期，朱元璋忙于统一
海内，委李善长以重任是形势上的需要，
但是随着战事的减少，新王朝日益巩固，

朱元璋感到与他仅仅一步之遥的左丞相李善长是他独揽皇权的一种牵制，因此对李善长越来越有戒心。在这种情况下，朱元璋便想免去李善长丞相一职。有了这个打算之后，朱元璋便找刘基商量，征求他的看法。刘基向来重视丞相的人选，认为国家大治几乎系于丞相一人。尽管李善长在暗中排斥他，但是他认为，李善长是朱元璋的勋旧，在诸将中有很高的威望，他在相位能够起到调和诸将的作用，这是别人无法替代的。不久李善长辞相，朱元璋想让杨宪接任，刘基不赞成，他认为，杨宪有相才而无相度，当丞相要持心如水，不能有私心，杨宪却不是这样的人，不适合当丞相。朱元璋又问汪广洋如何，刘基认为汪广洋还不如杨宪，不能称职。朱元璋又问胡惟庸是否合适，刘基认为他是最不合适的，他对朱元璋说，当丞相好比驾车，胡惟庸非但不会把车驾好，恐怕连车辕都要让他毁掉。朱元璋见自己说的三个人都不合适，那就请刘基来当丞相，可是刘基说，自己疾恶如仇，不适合当丞相。刘基这样说完全是出于公心，可是无意之中却得罪了权臣。李善长本意就是自己致仕之后由胡惟庸接替自己，以保持淮西集团在朝中的势力。但是刘基却反对胡惟庸当丞相，自然让李善长不满。再说胡惟庸，知道刘基在皇帝面前说自己不适合当丞相，阻断了自己升官的道路，自然怀恨在心，时思报复。朱

元璋虽然询问刘基当丞相的人选，但是并没有采纳刘基的建议，在李善长致仕之后，命胡惟庸和汪广洋为丞相，随后，汪广洋因事获罪被赐死，胡惟庸升任中书左丞相，大权独揽，此时的他就更有条件陷害刘基了。

刘基在因为奏请设立谈洋巡检司之事上获罪，就留在应天。此时的他，心情沉重，时时担心自己有朝一日会有兔死狗烹的下场。在这种情绪的影响下，刘基很快病重，整天茶饭不思，逐渐卧床不起。

刘基卧病的消息很快就传到胡惟庸那里，胡惟庸为了除掉刘基，可谓处心积虑。此时，他听说刘基病重，便想出一条毒计来谋害刘基。胡惟庸派人买通太医院的太医，让他们在给刘基开的药中加放一种慢性毒药，然后命人将药送给刘基。因为是太医，朱元璋又下旨命令太医为刘基诊病，刘基没有怀疑，将药服下。而后一段时间，太医每日都来送药。朱元璋听说后也很高兴，毕竟刘基的功劳让他无法忘记，他希望自己的功臣能继续辅

佐自己。

可是吃药后没几天，刘基就觉得腹中好像有拳头大小的东西，堵得难受，上下不通，精神越发不济，自己也想不明白是怎么回事。无奈之下，刘基将此事上奏朱元璋。谁知道，他的奏章被送到中书省胡惟庸的手中，朱元璋并不知道。刘基在痛苦中苦熬三个月，病势更加沉重。这时候朱元璋久不见刘基之面，便派了一个太监来探望，太监对刘基说，久不见老先生，皇上甚是思念，特地差他来探望，刘基这才知道自己的奏疏根本没有交给朱元璋，刘基随即向太监说明了情况。太监见诚意伯如此病重，便马上回宫向皇帝奏报此事。朱元璋听到刘基病危的消息后大惊，急忙再派人探望诚意伯，并兼询后事。刘基上奏，想回老家看看。朱元璋立即手诏派特使护送刘基回乡。在洪武

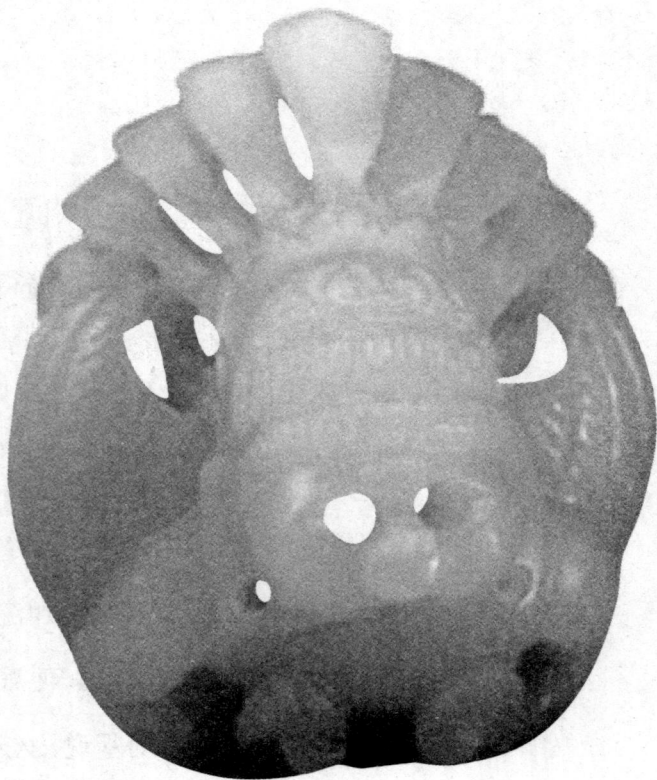

八年（1375年）三月，刘基终于回到了家乡。

归家之后，刘基知道自己时日不多，便向儿子们安排后事。他写成奏疏，劝朱元璋以德治理天下，还要防范胡惟庸。他嘱咐他的儿子，在他死后，皇帝召见之时将此奏疏交给朱元璋。刘基在临死之际，想的还是国家大计和社稷安危。

洪武八年夏四月十六日，大明朝开国元勋、诚意伯、上护军、资善大夫刘基在家中安静地离开了人世。六月，刘基被安葬于家乡的夏山，没有墓表，没有石碑，更没有皇帝的恤典，唯有土坟一丘而已。

七、身后千秋

刘基走了，可是后人给他的评价却留了下来。明朝的大学者王世贞曾经说："有人将诚意伯比作张良，他在谋略上确实无愧于张良，但是说到做官或不做官的气节，却比张良差远了。"王世贞认为刘基是元朝的进士，又是元朝的官吏，后来帮助朱元璋灭元，于气节有亏。这是一种评价。另一种是明人廖道南的话："汉代大封功臣，张良仅仅要求封为留侯就

满足了，然后专心于道术，明哲保身。而刘基却没有急流勇退，犹豫在朝，最终就像野鸡投于罗网一样获罪。"

刘基不能安心做一个元朝的忠臣，却心甘情愿地辅佐朱元璋，以儒家"忠臣不事二主"的标准来看，确实容易招来批评，更何况，他还曾是元朝的进士。明清两代都有人以此来批评刘基。但明末投

降清朝的大学士钱谦益，对刘基却十分
同情和理解，见解更加透彻。钱谦益认
为，刘基在元朝为官时，迫切想要为朝廷
效力，可是朝廷却不重用他，让他伤心到
底。后来辅佐朱元璋成就帝业，封伯爵，
好像就没有丝毫的豪气了。难道真是像
人们猜测的那样，是所谓的"变节"为刘
基带来了负罪感吗？然而我们看到刘基
辅佐朱元璋运筹帷幄的自然，很难想象
他的内心真的有负罪感。对于元朝，刘基
已经失望透顶，这样的朝廷他又能有多

少留恋呢?刘基晚年悲叹背后的真正原因是因为他在洪武初年不断受到淮西集团的排挤和朱元璋的猜忌。

刘基真正的悲剧在于,他是一个奇才般的人物,但却遇到了明太祖朱元璋这样的帝王,成就不了他圣君贤相的梦想。这是刘基的不幸,也是朱元璋的不幸,更是大明皇朝的不幸。朱元璋处心积虑地消灭了所有他认为能够威胁他皇位的人,功臣元勋几乎全被他杀光。可是,谁料想,在他苦心经营的身后,自己的儿

子就起兵造反，推翻了他立的建文帝，也就是所谓的"靖难之役"，这不能不说是历史和朱元璋开的一个玩笑。

刘基离开了，他的封爵并没有被恢复。他去世之后，朱元璋看到了他临死前书写的奏疏，此时又发生了胡惟庸党狱事件，记起了刘基的提醒，又下诏恢复他诚意伯的爵位，以此来表示对刘基的补偿。朱元璋在穷治胡惟庸党人的同时，严查刘基的死因，将这罪名送给了胡惟庸。刘基到底是被胡惟庸谋害致死，还是胡惟庸受到朱元璋的指使，这都无从查起了，成了历史悬案。后来，朱元璋罗织胡蓝党狱，诛杀功臣，刘基可谓是幸免于难

了。李善长全家被杀，几乎所有的功臣都和他同样的下场。这些人都成了明朝的罪人，终明之世，没有皇帝为他们平反。与这些人相比，刘基是幸运的，既得善终，还保全了自己的家人，朱元璋最后还是表彰了他。到了世宗嘉靖皇帝时，这位皇帝为了在"大礼仪"争斗中取得主动，下诏褒扬刘基，并一下子拔高了刘基的地位，这就为营造刘基神话缔造了开端。

嘉靖皇帝册封了刘基，并把他供奉在太庙，与朱元璋同受大明朝皇帝的祭

祀。他的后人得到了诚意伯的封号，又成了明朝的勋爵。可是，刘基没想到的是，自己的家族中后来也出现了大明朝的叛逆。明崇祯十七年（1644年），明思宗朱由检在景山自缢，留都应天的大臣便要再立皇帝，此时作为刘基后人的操江御史、诚意伯刘孔昭坚持立昏庸的福王朱由崧为帝，自己想入阁做大学士。兵部尚书史可法以勋臣不得入阁的旧例拒绝了他，他便任用奸臣马士英，使得南明朝廷腐败不堪。最后清军南下，攻破应天，作为大明勋臣的刘孔昭竟然率先迎降，做了清朝的顺臣，此时在九泉之下的刘基若有知，不知会作何感想。自己为创建大明呕心沥血，一生忠于大明，自己的子孙却甘做叛臣，这是他肯定想不到的，这真是历史与他开的一个玩笑。

有后人去拜祭刘基墓，写下这样的诗"卧龙名大终黄土"，实在是很恰当。再英武的谋略之士，终究也逃脱不了一抔黄土的命运，只留下盖世奇功、诗文美名和数不尽的神奇传说，供后人回味。